Critón o el deber

1871

PLATÓN

Traducido por Patricio de Azcárate

CONTENIDO

CRITÓN O EL DEBER   5

NOTAS   23

CRITÓN O EL DEBER

Sócrates – Critón

Sócrates

¿Cómo vienes tan temprano, Critón? ¿No es aún muy de madrugada?

Critón

Es cierto.

Sócrates

¿Qué hora puede ser?

Critón

Acaba de romper el día.

Sócrates

Extraño que el alcaide te haya dejado entrar.

Critón

Es hombre con quien llevo alguna relación; me ha visto aquí muchas veces, y me debe algunas atenciones.

Sócrates

¿Acabas de llegar, o hace tiempo que has venido?

Critón

Ya hace algún tiempo.

Sócrates

¿Por qué has estado sentado cerca de mí sin decirme nada, en lugar de despertarme en el acto que llegaste?

Critón

¡Por Júpiter! Sócrates, ya me hubiera guardado de hacerlo. Yo, en tu lugar, temería que me despertaran, porque sería despertar el sentimiento de mi infortunio. En el largo rato que estoy aquí, me he admirado verte dormir con un sueño tan tranquilo, y no he querido despertarte, con intención, para que gozaras de tan bellos momentos. En verdad, Sócrates, desde que te conozco he estado encantado de tu carácter, pero jamás tanto como en la presente desgracia, que soportas con tanta dulzura y tranquilidad.

Sócrates

Sería cosa poco racional, Critón, que un hombre, a mi edad, temiese la muerte.

Critón

¡Ah¡ ¡cuántos se ven todos los días del mismo tiempo que tú y en igual desgracia, a quienes la edad no impide lamentarse de su suerte!

Sócrates

Es cierto, pero en fin, ¿por qué has venido tan temprano?

Critón

Para darte cuenta de una nueva terrible, que, por poca influencia que sobre ti tenga, yo la temo; porque llenará de dolor a tus parientes, a tus amigos; es la nueva más triste y más aflictiva para mí.

Sócrates

¿Cuál es? ¿Ha llegado de Delos el buque cuya vuelta ha de marcar el momento de mi muerte?

Critón

No, pero llegará sin duda hoy, según lo que refieren los que vienen de Sunio{1}, donde le han dejado; y siendo así, no puede menos de llegar hoy aquí, y mañana, Sócrates, tendrás que dejar de existir.

Sócrates

Enhorabuena, Critón, sea así, puesto que tal es la voluntad de los dioses. Sin embargo no creo que llegue hoy el buque.

Critón

¿De dónde sacas esa conjetura?

Sócrates

Voy a decírtelo: yo no debo morir hasta el día siguiente de la vuelta de ese buque.

Critón

Por lo menos es eso lo que dicen aquellos de quienes depende la ejecución.

Sócrates

El buque no llegará hoy, sino mañana, como lo deduzco de un sueño que he tenido esta noche, no hace un momento; y es una fortuna, a mi parecer, que no me hayas despertado.

Critón

¿Cuál es ese sueño?

Sócrates

Me ha parecido ver cerca de mí una mujer hermosa y bien formada, vestida de blanco, que me llamaba y me decía: Sócrates: Dentro de tres días estarás en la fértil Phtia.

Critón

¡Extraño sueño, Sócrates!

Sócrates

Es muy significativo, Critón.

Critón

Demasiado sin duda, pero por esta vez, Sócrates, sigue mis consejos, sálvate. Porque en cuanto a mí si mueres, además de verme privado para siempre de ti, de un amigo de cuya pérdida nadie podrá consolarme, témome que muchas gentes, que no nos conocen bien ni a ti ni a mí, crean que pudiendo salvarte a costa de mis bienes de fortuna, te he abandonado. ¿Y hay cosa más indigna que adquirir la reputación de querer más su dinero que sus amigos? Porque el pueblo jamás podrá persuadirse de que eres tú el que no has querido salir de aquí cuando yo te he estrechado a hacerlo.

Sócrates

Pero, mi querido Critón, ¿debemos hacer tanto aprecio de la opinión del pueblo? ¿No basta que las personas más racionales, las únicas que debemos tener en cuenta, sepan de qué manera han pasado las cosas?

Critón

Yo veo sin embargo que es muy necesario no despreciar la opinión del pueblo, y tu ejemplo nos hace ver claramente que es muy capaz de ocasionar desde los más pequeños hasta los más grandes males a los que una vez han caído en su desgracia.

Sócrates

Ojalá, Critón, el pueblo fuese capaz de cometer los mayores males, porque de esta manera sería también capaz de hacer los más grandes bienes. Esto sería una gran fortuna, pero no puede ni lo uno ni lo otro; porque no depende de él hacer a los hombres sabios o insensatos. El pueblo juzga y obra a la aventura.

Critón

Lo creo; pero respóndeme, Sócrates. ¿El no querer fugarte nace del temor que puedas tener de que no falte un delator que me denuncie a mí y a tus demás amigos, acusándonos de haberte sustraído, y que por este hecho nos veamos obligados a abandonar nuestros bienes o pagar crecidas multas o sufrir penas mayores? Si éste es el temor, Sócrates, destiérrale de tu alma. ¿No es justo que por salvarte nos expongamos a todos estos peligros y aún mayores, si es necesario? Repito, mi querido Sócrates, no resistas; toma el partido que te aconsejo.

Sócrates

Es cierto. Critón, tengo esos temores y aun muchos más.

Critón

Tranquilízate, pues, porque en primer lugar la suma, que se pide por sacarte de aquí, no es de gran consideración. Por otra parte, sabes la situación mísera que rodea a los que podrían acusarnos y el poco sacrificio que habría de hacerse para cerrarles la boca; y mis bienes, que son tuyos, son harto suficientes. Si tienes alguna dificultad en aceptar mi ofrecimiento, hay aquí un buen número de extranjeros dispuestos a suministrar lo necesario; sólo Sunmias de Tébas ha presentado la suma suficiente; Cebes está en posición de hacer lo mismo y aún hay muchos más.

Tales temores, por consiguiente, no deben ahogar en ti el deseo de salvarte, y en cuanto a lo que decías uno de estos días delante de los jueces, de que si hubieras salido desterrado, no hubieras sabido dónde fijar tu residencia, esta idea no debe detenerte. A cualquier parte del mundo a donde tú vayas, serás siempre querido. Si quieres ir a Thesalia, tengo allí amigos que te obsequiarán como tú mereces, y que te pondrán a cubierto de toda molestia. Además, Sócrates, cometes una acción injusta entregándote tú mismo, cuando puedes salvarte, y trabajando en que se realice en ti lo que tus enemigos más desean en su ardor por perderte. Faltas también a tus hijos, porque los abandonas, cuando hay un medio de que puedas alimentarlos y educarlos. ¡Qué horrible suerte espera a estos infelices huérfanos! Es preciso o no tener hijos o exponerse a todos los cuidados y penalidades que exige su educación. Me parece en verdad, que has tomado el partido del más indolente de los hombres, cuando deberías tomar el de un hombre de corazón; tú, sobre todo, que haces profesión de no haber seguido en toda tu vida otro camino que el de la virtud. Te confieso, Sócrates, que me da vergüenza por ti y por nosotros tus amigos, que se crea que todo lo que está sucediendo se ha debido a nuestra cobardía. Se nos acriminará, en primer lugar, por tu comparecencia ante el tribunal, cuando pudo evitarse; luego por el curso de tu proceso; y en fin, como término de este lastimoso drama, por haberte abandonado por temor o por cobardía, puesto que no te hemos salvado; y se dirá también, que tú mismo no te has salvado por culpa nuestra, cuando podías hacerlo con sólo que nosotros te hubiéramos prestado un pequeño auxilio. Piénsalo bien, mi querido Sócrates; con la desgracia que te va a suceder tendrás también una parte en el baldón que va a caer sobre todos nosotros. Consúltate a ti mismo, pero ya no es tiempo de consultas; es preciso tomar un partido, y no hay que escoger; es preciso aprovechar la noche próxima. Todos mis planes se desgracian, si aguardamos un momento más. Créeme, Sócrates, y haz lo que te digo.

Sócrates

Mi querido Critón, tu solicitud es muy laudable, si es que concuerda con la justicia; pero por lo contrario, si se aleja de ella, cuanto más grande es, se hace más reprensible. Es preciso examinar, ante todo, si deberemos hacer lo que tú dices o si no deberemos; porque no es de ahora, ya lo sabes, la costumbre que tengo de sólo ceder por razones que me parezcan justas, después de haberlas examinado detenidamente. Aunque la fortuna me sea adversa, no puedo abandonar las máximas de que siempre he hecho profesión; ellas me parecen siempre las mismas, y como las mismas las estimo igualmente. Si no me das razones más fuertes, debes persuadirte de que yo no cederé, aunque todo el poder del pueblo se armase contra mí, y para aterrarme como a un niño, me amenazase con sufrimientos más duros que los que me rodean, cadenas, la miseria, la muerte. Paro ¿cómo se verifica este examen de una manera conveniente? Recordando nuestras antiguas conversaciones, a saber: de si ha habido razón para decir que hay ciertas opiniones que debemos respetar y otras que debemos despreciar. ¿O es que esto se pudo decir antes de ser yo condenado a muerte, y ahora de repente hemos descubierto, que si se dijo entonces, fue como una conversación al aire, no siendo en el fondo más que una necedad o un juego de niños? Deseo, pues, examinar aquí contigo en mi nueva situación, si este principio me parece distinto o si le encuentro siempre el mismo, para abandonarle o seguirle.

Es cierto, si yo no me engaño, que aquí hemos dicho muchas veces, y creíamos hablar con formalidad, que entre las opiniones de los hombres las hay que son dignas de la más alta estimación y otras que no merecen ninguna. Critón, en nombre de los dioses, ¿te parece esto bien dicho? Porque, según todas las apariencias humanas, tú no estás en peligro de morir mañana, y el temor de un peligro presente no te hará variar en tus juicios; piénsalo, pues, bien. ¿No encuentras que con razón hemos sentado, que no es preciso estimar todas las opiniones de los hombres sino tan sólo algunas, y no de todos los hombres indistintamente, sino tan sólo de algunos? ¿Qué dices a esto? ¿No te parece verdadero?

Critón

Mucho.

Sócrates

¿En este concepto, no es preciso estimar sólo las opiniones buenas y desechar las malas?

Critón

Sin duda.

Sócrates

¿Las opiniones buenas no son las de los sabios, y las malas las de los necios?

Critón

No puede ser de otra manera.

Sócrates

Vamos a sentar nuestro principio. ¿Un hombre que se ejercita en la gimnasia podrá ser alabado o reprendido por un cualquiera que llegue, o sólo por el que sea médico o maestro de gimnasia?

Critón

Por este sólo sin duda.

Sócrates

¿Debe temer la reprensión y estimar las alabanzas de éste sólo y despreciar lo que le digan los demás?

Critón

Sin duda.

Sócrates

Por esta razón ¿debe ejercitarse, comer, beber, según le prescriba este maestro y no dejarse dirigir por el capricho de todos los demás?

Critón

Eso es incontestable.

Sócrates

He aquí sentado el principio. ¿Pero si desobedeciendo a este maestro y despreciando sus atenciones y alabanzas, se deja seducir por las caricias y alabanzas del pueblo y de los ignorantes, no le resultará mal?

Critón

¿Cómo no le ha de resultar?

Sócrates

¿Pero este mal de qué naturaleza será? ¿a qué conducirá? ¿y qué parte de este hombre afectará?

Critón

A su cuerpo, sin duda, que infaliblemente arruinará.

Sócrates

Muy bien, he aquí sentado este principio; ¿pero no sucede lo mismo en todas las demás cosas? Porque sobre lo justo y lo injusto, lo honesto y lo inhonesto, lo bueno y lo malo, que eran en este momento la materia de nuestra discusión, ¿nos atendremos más bien a la opinión del pueblo que a la de un solo hombre, si se encuentra uno muy experto y muy hábil, por el que sólo debamos tener más respeto y más deferencia que por el resto de los hombres? ¿Y si no nos conformamos al juicio de este único hombre, no es cierto que arruinaremos enteramente lo que no vive ni adquiere nuevas fuerzas en nosotros sino por la justicia, y que no perece sino por la injusticia? ¿O es preciso creer que todo eso es una farsa?

Critón

Soy de tu dictamen, Sócrates.

Sócrates

Estame atento, yo te lo suplico; si adoptando la opinión de los ignorantes, destruimos en nosotros lo que sólo se conserva por un régimen sano y se corrompe por un mal régimen, ¿podremos vivir con esta parte de nosotros mismos así corrompida? Ahora tratamos sólo de nuestro cuerpo; ¿no es verdad?

Critón

De nuestro cuerpo sin duda.

Sócrates

¿Y se puede vivir con un cuerpo destruido o corrompido?

Critón

No, seguramente.

Sócrates

¿Y podremos vivir después de corrompida esta otra parte de nosotros mismos, que no tiene salud en nosotros, sino por la justicia, y que la injusticia destruye? ¿O creemos menos noble que el cuerpo esta parte, cualquiera que ella sea, donde residen la justicia y la injusticia?

Critón

Nada de eso.

Sócrates

¿No es más preciosa?

Critón

Mucho más.

Sócrates

Nosotros, mi querido Critón, no debemos curarnos de lo que diga el pueblo, sino sólo de lo que dirá aquel que conoce lo justo y lo injusto, y este juez único es la verdad. Ves por esto, que sentaste malos principios, cuando dijiste al principio que debíamos hacer caso de la opinión del pueblo sobre lo justo, lo bueno, lo honesto y sus contrarias. Quizá me dirás: pero el pueblo tiene el poder de hacernos morir.

Critón

Seguramente que se dirá.

Sócrates

Así es, pero, mi querido Critón, esto no podrá variar la naturaleza de lo que acabamos de decir. Y si no respóndeme: ¿no es un principio sentado, que el hombre no debe desear tanto el vivir como el vivir bien?

Critón

Estoy de acuerdo.

Sócrates

¿No admites igualmente, que vivir bien no es otra cosa que vivir como lo reclaman la probidad y la justicia?

Critón

Sí.

Sócrates

Conforme a lo que acabas de concederme, es preciso examinar ante todo, si hay justicia o injusticia en salir de aquí sin el permiso de los atenienses; porque si esto es justo, es preciso ensayarlo; y si es injusto es preciso abandonar el proyecto. Porque con respecto a todas esas consideraciones, que me has alegado, de dinero, de reputación, de familia ¿qué otra cosa son que consideraciones de ese vil populacho, que hace morir sin razón, y que sin razón quisiera después hacer revivir, si le fuera posible? Pero respecto a nosotros, conforme a nuestro principio, todo lo que tenemos que considerar es, si haremos una cosa justa dando dinero y contrayendo obligaciones con los que nos han de sacar de aquí, o bien si ellos y nosotros no cometeremos en esto injusticia; porque si la cometemos, no hay más que razonar; es preciso morir aquí o sufrir cuantos males vengan antes que obrar injustamente.

Critón

Tienes razón, Sócrates, veamos cómo hemos de obrar.

Sócrates

Veámoslo juntos, amigo mío; y si tienes alguna objeción que hacerme cuando yo hable, házmela, para ver si puedo someterme, y en otro caso cesa, te lo suplico, de estrecharme a salir de aquí contra la voluntad de los atenienses. Yo quedaría complacidísimo de que me persuadieras a hacerlo, pero yo necesito convicciones. Mira pues, si te satisface la manera con que voy a comenzar este examen, y procura responder a mis preguntas lo más sinceramente que te sea posible.

Critón

Lo haré.

Sócrates

¿Es cierto que jamás se pueden cometer injusticias? ¿O es permitido cometerlas en unas ocasiones y en otras no. ¿O bien, es absolutamente cierto que la injusticia jamás es permitida, como muchas veces hemos convenido y ahora mismo acabamos de convenir? ¿Y todos estos juicios, con los que estamos de acuerdo, se han desvanecido en tan pocos días? ¿Sería posible, Critón, que, en nuestros años, las conversaciones más serias se hayan hecho semejantes a las de los niños, sin que nos hayamos apercibido de ello? ¿O más bien es preciso atenernos estrictamente a lo que hemos dicho: que toda injusticia es vergonzosa y funesta al que la comete, digan lo que quieran los hombres, y sea bien o sea mal el que resulte?

Critón

Estamos conformes.

Sócrates

¿Es preciso no cometer injusticia de ninguna manera?

Critón

Sí, sin duda.

Sócrates

¿Entonces es preciso no hacer injusticia a los mismos que nos la hacen, aunque el vulgo crea que esto es permitido, puesto que convienes en que en ningún caso puede tener lugar la injusticia?

Critón

Así me lo parece.

Sócrates

¡Pero qué! ¿es permitido hacer mal a alguno o no lo es?

Critón

No, sin duda, Sócrates.

Sócrates

¿Pero es justo volver el mal por el mal, como lo quiere el pueblo, o es injusto?

Critón

Muy injusto.

Sócrates

¿Es cierto que no hay diferencia entre hacer el mal y ser injusto?

Critón

Lo confieso.

Sócrates

Es preciso, por consiguiente, no hacer jamás injusticia, ni volver el mal por el mal, cualquiera que haya sido el que hayamos recibido. Pero ten presente, Critón, que confesando esto, acaso hables contra tu propio juicio, porque sé muy bien que hay pocas personas que lo admitan, y siempre sucederá lo mismo. Desde el momento en que están discordes sobre este punto, es imposible entenderse sobre lo demás, y la diferencia de opiniones conduce necesariamente a un desprecio recíproco. Reflexiona bien, y mira, si realmente estás de acuerdo conmigo, y si podemos discutir, partiendo de este principio: que en ninguna circunstancia es permitido ser injusto, ni volver injusticia por injusticia, mal por mal; o si piensas de otra manera, provoca como de nuevo la discusión. Con respecto a mí, pienso hoy como pensaba en otro tiempo. Si tú has mudado de parecer, dilo, y exponme los motivos; pero si permaneces fiel a tus primeras opiniones, escucha lo que te voy a decir.

Critón

Permanezco fiel y pienso como tú; habla, ya te escucho.

Sócrates

Prosigo pues, o más bien te pregunto: ¿un hombre que ha prometido una cosa justa, debe cumplirla o faltar a ella?

Critón

Debe cumplirla.

Sócrates

Conforme a esto, considera, si saliendo de aquí sin el consentimiento de los atenienses haremos mal a alguno y a los mismos que no lo merecen. ¿Respetaremos o eludiremos el justo compromiso que hemos contraído?

Critón

No puedo responder a lo que me preguntas, Sócrates, porque no te entiendo.

Sócrates

Veamos si de esta manera lo entiendes mejor. En el momento de la huida, o si te agrada más, de nuestra salida, si la ley y la república misma se presentasen delante de nosotros y nos dijesen: Sócrates, ¿qué vas a hacer? ¿la acción que preparas no tiende a trastornar, en cuanto de ti depende, a nosotros y al Estado entero? Porque ¿qué Estado puede subsistir, si los fallos dados no tienen ninguna fuerza y son eludidos por los particulares? ¿Qué podríamos responder, Critón, a este cargo y otros semejantes que se nos podían dirigir? Porque ¿qué no diría, especialmente un orador, sobre esta infracción de la ley, que ordena que los fallos dados sean cumplidos y ejecutados? ¿Responderemos nosotros, que la Republica nos ha hecho injusticia y que no ha juzgado bien? ¿Es esto lo que responderíamos?

Critón

Sí, sin duda, se lo diríamos.

Sócrates

«¡Qué! dirá la ley ateniense, Sócrates, ¿no habíamos convenido en que tú te someterías al juicio de la república?» Y si nos manifestáramos como sorprendidos de este lenguaje, ella nos diría quizá: «no te sorprendas, Sócrates, y respóndeme, puesto que tienes costumbre de proceder por preguntas y respuestas. Dime, pues, ¿qué motivo de queja tienes tú contra la república y contra mí cuando tantos esfuerzos haces para destruirme? ¿No soy yo a la que debes la vida? ¿No tomó bajo mis auspicios tu padre por esposa a la que te ha dado a luz? ¿Qué encuentras de reprensible en estas leyes que hemos establecido sobre el matrimonio?» Yo la responderé sin dudar: nada. «¿Y las que miran al sostenimiento y educación de los hijos, a cuya sombra tú has sido educado, no te parecen justas en el hecho de haber ordenado a tu padre que te educara en todos los ejercicios del espíritu y del cuerpo?» Exactamente, diría yo. «Y siendo esto así, puesto que has nacido y has sido mantenido y educado gracias a mí, ¿te atreverás a sostener que no eres hijo y servidor nuestro lo mismo que tus padres? Y sí así es, ¿piensas tener derechos iguales a la ley misma, y que te sea permitido devolver sufrimientos por sufrimientos, por los que yo pudiera hacerte pasar? ¿Este derecho, que jamás podrían tener contra un padre o contra una madre, de devolver mal por mal, injuria por injuria, golpe por golpe, ¿crees tú tenerlo contra tu patria y contra la ley? Y si tratáramos de perderte, creyendo que era justo, ¿querrías adelantarte y perder las leyes y tu patria? ¿Llamarías esto justicia, tú que haces profesión de no separarte del camino de la virtud? ¿Tu sabiduría te impide ignorar que la patria es digna de más respeto y más veneración delante de los dioses y de los hombres, que un padre, una madre y que todos los parientes juntos? Es preciso respetar la patria en su cólera, tener con ella la sumisión y miramientos que se tienen a un padre, atraerla por la persuasión u obedecer sus órdenes, sufrir sin murmurar todo lo que quiera que se sufra, aun cuando sea verse azotado o cargado de cadenas, y que si nos envía a la guerra para ser allí heridos o muertos, es preciso marchar allá; porque allí está el deber, y no es permitido ni retroceder, ni echar pie atrás, ni abandonar el puesto; y que lo mismo en los campos de batalla, que ante los tribunales, que en todas las situaciones, es preciso obedecer lo que quiere la república, o emplear para con ella los medios de persuasión que la ley concede; y, en fin, que si es una impiedad hacer violencia a un padre o a una madre, es mucho mayor hacerla a la patria?». ¿Qué responderemos a esto, Critón? ¿Reconoceremos que la ley dice verdad?

Critón

Así me parece.

Sócrates

«Ya ves, Sócrates, continuaría la ley, que si tengo razón, eso que intentas contra mí es injusto. Yo te he hecho nacer, te he alimentado, te he educado; en fin, te he hecho, como a los demás ciudadanos, todo el bien de que he sido capaz. Sin embargo, no me canso de decir públicamente que es permitido a cada uno en particular, después de haber examinado las leyes y las costumbres de la república, si no está satisfecho, retirarse a donde guste con todos sus bienes; y si hay alguno que no pudiendo acomodarse a nuestros usos, quiere irse a una colonia o a cualquiera otro punto, no hay uno entre vosotros que se oponga a ello y puede libremente marcharse a donde le acomode. Pero también los que permanecen, después de haber considerado detenidamente de qué manera ejercemos la justicia y qué policía hacemos observar en la república, yo les digo que están obligados a hacer todo lo que les mandemos, y si desobedecen, yo los declaro injustos por tres infracciones: porque no obedecen a quien les ha hecho nacer; porque, desprecian a quien los ha alimentado; porque, estando obligados a obedecerme, violan la fe jurada, y no se toman el trabajo de convencerme si se les obliga a alguna cosa injusta; y bien que no haga más que proponer sencillamente las cosas sin usar de violencia para hacerme obedecer, y que les dé la elección entre obedecer o convencernos de injusticia, ellos no hacen ni lo uno ni lo otro. He aquí, Sócrates, la acusación de que te harás acreedor si ejecutas tu designio, y tú serás mucho más culpable que cualquiera otro ciudadano.» Y si yo le pidiese la razón, la ley me cerraría sin duda la boca diciéndome, que yo estoy más que todos los demás ciudadanos sometido a todas estas condiciones. «Yo tengo, me diría, grandes pruebas de que la ley y la república han sido de tu agrado, porque no hubieras permanecido en la ciudad como los demás atenienses, si la estancia en ella no te hubiera sido más satisfactoria que en todas las demás ciudades. Jamás ha habido espectáculo que te haya obligado a salir de esta ciudad, salvo una vez cuando fuiste a Corinto para ver los juegos{2}; jamás has salido que no sea a expediciones militares; jamás emprendiste viajes, como es costumbre entre los ciudadanos; jamás has tenido la curiosidad de visitar otras ciudades, ni de conocer otras leyes; tan apasionado has sido por esta ciudad, y tan decidido a vivir según nuestras máximas, que aquí has tenido hijos, testimonio patente de que vivías complacido en ella. En fin, durante tu proceso podías condenarte a destierro, si hubieras querido, y hacer entonces, con asentimiento de la república, lo que intentas hacer ahora a pesar suyo. Tú que te alababas de ver venir la muerte con indiferencia, y que pretendías preferirla al destierro, ahora, sin miramiento a estas magníficas palabras, sin respeto a las leyes, puesto que quieres abatirlas, haces lo que haría el más vil esclavo, tratando de salvarte contra las condiciones del tratado que te obliga a vivir según nuestras reglas. Respóndenos, pues, como buen ciudadano; ¿no decimos la verdad, cuando sostenemos que tú estás sometido a este tratado, no con palabras, sino de hecho y a todas sus condiciones?». ¿Qué diríamos a esto? ¿Y qué partido podríamos tomar más que confesarlo?

Critón

Sería preciso hacerlo, Sócrates.

Sócrates

La ley continuaría diciendo: «¿Y qué adelantarías, Sócrates, con violar este tratado y todas sus condiciones? No has contraído esta obligación ni por la fuerza, ni por la sorpresa, ni tampoco te ha faltado tiempo para pensarlo. Setenta años han pasado, durante los cuales has podido retirarte, si no estabas satisfecho de mí, y si las condiciones que te proponía no te parecían justas. Tú no has preferido ni a Lacedemonia, ni a Creta, cuyas leyes han sido constantemente un objeto de alabanza en tu boca, ni tampoco has dado esta preferencia a ninguna de las otras ciudades de Grecia o de los países extranjeros. Tú, como los cojos, los ciegos y todos los estropeados, jamás has salido de la ciudad, lo que es una prueba invencible de que te ha complacido vivir en ella más que a ningún otro ateniense; y bajo nuestra influencia, por consiguiente, porque sin leyes ¿qué ciudad puede ser aceptable? ¡Y ahora te rebelas y no quieres ser fiel a este pacto! Pero si me crees, Sócrates, tú le respetarás, y no te expondrán a la risa pública, saliendo de Atenas; porque reflexiona un poco, te lo suplico. ¿Qué bien resultará a ti y a tus amigos, si persistís en la idea de traspasar mis órdenes? Tus amigos quedarán infaliblemente expuestos al peligro de ser desterrados de su patria o de perder sus bienes, y respecto a ti, si te retiras a alguna ciudad vecina, a Tebas o Megara, como son ciudades muy bien gobernadas, serás mirado allí como un enemigo; porque todos los que tienen amor por su patria te mirarán con desconfianza como un corruptor de las leyes. Les confirmarás igualmente en la justicia del fallo que recayó contra ti, porque todo corruptor de las leyes pasará fácilmente y siempre por corruptor de la juventud y del pueblo ignorante. ¿Evitarás todo roce en esas ciudades cultas y en esas sociedades compuestas de hombres justos? Pero entonces, ¿qué placer puedes tener en vivir? ¿O tendrás valor para aproximarte a ellos, y decirles, como haces aquí, que la virtud, la justicia, las leyes y las costumbres deben estar por cima de todo y ser objeto del culto y de la veneración de los hombres? ¿Y no conoces que esto sería altamente vergonzoso? No puedes negarlo, Sócrates. Tendrías necesidad de salir inmediatamente de esas ciudades cultas, e irías a Tesalia a casa de los amigos de Critón, a Tesalia donde reina más el libertinaje que el orden{3}, y en donde te oirían sin duda con singular placer referir el disfraz con que habías salido de la prisión, vestido de harapos o cubierto con una piel, o, en fin, disfrazado de cualquier manera como acostumbran a hacer todos los fugitivos. ¿Pero no se encontrará uno que diga: he aquí un anciano, que no pudiendo ya alargar su existencia naturalmente, tan ciego está por el ansia de vivir, que no ha dudado, por conservar la vida, echar por tierra las leyes más santas? Quizá no lo oirás, si no ofendes a nadie; pero al menor motivo de queja te dirían estas y otras mil cosas indignas de ti; vivirás esclavo y víctima de todos los demás hombres, porque ¿qué remedio te queda? Estarás en Tesalia entregado a perpetuos festines, como si sólo te hubiera atraído allí un generoso hospedaje. Pero entonces ¿a dónde han ido a parar tus magníficos discursos sobre la justicia y sobre la virtud? ¿Quieres de esta manera conservarte quizá para dar sustento y educación a tus hijos? ¡Qué! ¿será en Tesalia donde los has de educar? ¿Creerás hacerles un bien convirtiéndolos en extranjeros y alejándolos de su patria? ¿O bien no quieres llevarlos contigo, y crees que, ausente tú de Atenas, serán mejor educados viviendo tú? Sin duda tus amigos tendrán cuidado de ellos. Pero este cuidado que tus amigos tomarán en tu ausencia, ¿no lo tomarán igualmente después de tu muerte? Persuádete de que los que se dicen tus amigos te prestarán los mismos servicios, si es cierto que puedes contar con ellos. En fin, Sócrates, ríndete a mis razones, sigue los consejos de la que te ha dado el sustento, y no te fijes ni en tus hijos, ni en tu vida, ni en ninguna otra cosa, sea la que sea, más que en la justicia, y cuando vayas al infierno, tendrás con qué defenderte delante de los jueces. Porque desengáñate, si haces lo que has resuelto, si faltas a las leyes, no harás tu causa ni la de ninguno de los tuyos ni mejor, ni más justa, ni más santa, sea durante tu vida, sea después de tu muerte. Pero si mueres, morirás víctima de la injusticia, no de las leyes, sino de los hombres; en lugar de que si sales de aquí vergonzosamente, volviendo injusticia por injusticia, mal por mal, faltarás al pacto que te liga a mí, dañarás a una porción de gentes que no debían esperar esto de ti; te dañarás a ti mismo, a mí, a tus amigos, a tu patria. Yo seré tu enemigo mientras vivas, y cuando hayas muerto, nuestras hermanas las leyes que rigen en los infiernos no te recibirán indudablemente con mucho favor, sabiendo que has hecho todos los esfuerzos posibles para arruinarme. No sigas, pues, los consejos de Critón y sí los míos.»

Me parece, mi querido Critón, oír estos acentos, como los inspirados por Cibeles creen oír las flautas sagradas. El sonido de estas palabras resuena en mi alma, y me hacen insensible a cualquiera otro discurso, y has de saber que, por lo menos en mi disposición presente, cuanto puedas decirme en contra será inútil. Sin embargo, si crees convencerme, habla.

Critón

Sócrates, nada tengo que decir.

NOTAS

{1} El cabo Sunio sobre el que estaba construido un templo a Minerva a la parte Sudeste de la Ática.

{2} Eran los juegos que cada tres años se celebraban en el istmo de Corinto en honor de Neptuno, desde que Teseo los había renovado.

{3} La Tesalia era un país donde reinaban la licencia y la corrupción, así que Jenofonte observa que allí fue donde Critias se perdió.

Made in the USA
Columbia, SC
22 October 2022